Au Roi

En son Conseil-d'État.

MÉMOIRE

Pour le Chevalier GAMBA, Membre de la Légion d'Honneur, Consul de France à Tiflis en Géorgie,

Appelant d'une décision du Ministre de l'Intérieur, du 27 Mars 1823.

COMITÉ
DU
NTENTIEUX.

M. le baron
EUTRIER,
MAITRE
REQUÊTES,
PPORTEUR.

Au Roi

En son Conseil-d'État.

MÉMOIRE

Pour le Chevalier GAMBA, Membre de la Légion d'Honneur, Consul de France à Tiflis en Géorgie;

Appelant d'une décision du Ministre de l'Intérieur, du 27 mars 1823.

IRE,

Le chevalier Gamba se trouvait à plus de 1200 lieues de la France, lorsque son pourvoi fut formé au conseil d'État en juillet 1823. Depuis, appelé par le gouvernement du roi pour donner des renseignemens sur le commerce des contrées où il réside, il a quitté Tiflis et est arrivé à Paris où il séjournera encore quelques mois. Il croit devoir profiter de ce séjour, pour compléter l'instruction d'une affaire qu'il regrette beaucoup qu'on l'ait obligé de soumettre à la décision de l'autorité suprême.

1

En effet, M. Gamba avait espéré que, tôt ou tard, il finirait par obtenir justice du ministre même dont il s'est vu forcé d'attaquer la décision ; mais il a lu les observations transmises du ministère sur son pourvoi, et son espoir s'est évanoui.

On prétend que le réclamant cherche à faire valoir des services dont il est payé, et qu'à l'appui de sa demande il présente des considérations étrangères à la question, celle de savoir si, ayant eu mission d'acheter des chevaux *persans*, on doit lui payer des chevaux *circassiens* et l'on en conclut qu'il y a lieu de maintenir la décision attaquée.

Quelle que soit en définitive l'issue de sa réclamation, M. Gamba ne sera pas retourné à son poste, sans avoir réfuté de semblables allégations. S'il revient sur les faits, ce ne sera pas *pour se faire valoir* (reproche à l'abri duquel il semble qu'aurait dû le mettre son caractère), mais parce que ces faits se lient intimement à la commission de chevaux qui lui a été donnée, commission qui n'était, dans son voyage au Caucase, qu'un objet bien secondaire.

Au surplus, les faits ne lui feront pas perdre de vue la question à juger ; il ne craint pas de l'aborder, certain qu'il est d'établir positivement, par les instructions ministérielles qu'il avait reçues, qu'on ne peut ni ne doit laisser à sa charge des chevaux, que son mandat l'autorisait à acheter pour le compte de la France.

En 1817, le chevalier Gamba partit de Paris pour se rendre à Astracan, et s'assurer de la possibilité d'établir, par la mer d'Azoff et la mer Caspienne, un commerce direct avec la Perse et la Buckarie, d'ouvrir à nos fabriques un débouché nouveau pour leurs produits, et de leur procurer à bas prix les matières premières qui leur sont nécessaires, notamment les soies grèges du Guilan et du Mazanderan.

Les frais de ce voyage avaient été faits par un banquier distingué par son noble caractère, M. le baron *d'Etchegoyen*, qui se proposait alors de devenir le fondateur de ce nouveau commerce, si les renseignemens obtenus en prouvaient l'avantage.

En parcourant la ligne du Kouban, M. Gamba rencontra le général en chef Yermoloff, gouverneur général des provinces russes au-delà du Caucase, qui l'engagea à visiter la Géorgie, lui donnant l'assurance que cette position était infiniment plus favorable qu'Astracan, pour devenir un des marchés principaux de l'Asie, dans le double intérêt de la France et de la Russie.

De retour en France au mois de septembre 1818, le chevalier Gamba communiqua à M. le baron *d'Etchegoyen* le résultat de ses renseignemens ; ils répondaient à ce qu'on en avait attendu.

L'association pour le commerce de l'Asie allait se faire ; mais des circonstances, qui y étaient étrangères, en suspendirent l'exécution ; le chevalier Gamba, devenu libre de tout engagement particulier, s'empressa de proposer à M. le duc Decazes, alors ministre de l'intérieur, de donner suite à des voyages si heureusement commencés.

Il mit sous ses yeux diverses notes sur le but d'un second voyage dans les provinces méridionales de la

Russie ; il eut aussi plusieurs conférences avec M. de Mirbel, secrétaire général du ministère ; il lui représenta que, pour faire un pareil voyage dans un pays où il n'existait ni auberges, ni ressources pour des approvisionnemens de route, il était indispensable d'avoir avec soi deux voitures, dont l'une destinée aux bagages et aux vivres, d'emmener des interprètes russes et géorgiens, et que, pour avoir droit à la protection, aux escortes et aux égards, sans lesquels on serait arrêté à chaque pas, on ne pouvait allouer moins de 18 à 20,000 francs par an.

Il allégua, à l'appui de cette opinion, la dépense d'environ 27,000 fr., à laquelle s'était élevé le premier voyage de 3,000 lieues, dépense dans laquelle il n'y avait eu cependant aucuns frais inutiles.

Après quatre mois de conférences, on lui proposa pour toute indemnité, traitement et frais, 500 fr. par mois, c'est-à-dire le moindre traitement de voyageur naturaliste du Gouvernement. Quoiqu'il sût bien que cette somme ne serait que la plus faible partie de ses dépenses, le chevalier Gamba accepta ce qui lui était offert, parce qu'il y trouvait l'avantage d'avoir une sorte de caractère public, et qu'il espérait obtenir de la bonne volonté de quelques amis les avances nécessaires pour un voyage dont ils avaient mieux apprécié le succès probable qu'on ne l'avait fait au ministère de l'intérieur, où ses idées de commerce étaient regardées comme *inexécutables*.

Cette somme de 500 fr. par mois a été payée depuis le 1er octobre 1819 jusqu'au 1er janvier 1822. Ainsi, le

chevalier Gamba a reçu, pour ses frais de voyage, d'abord , depuis le 1er octobre jusqu'au 1er avril 1821 :
9,000 fr.

Ensuite, et seulement lorsque le ministre reçut l'avis qu'il avait réussi dans sa mission relativement au commerce, 4,500 fr. pour appointemens du 1er avril au 31 décembre 1821.

____

13,500 fr.

Cette dernière somme fut allouée comme suite de traitement à un voyageur utile, et non comme une chose gratuite, comme une récompense, ainsi qu'on a bien voulu le dire depuis.

Ces 13,500 fr. font environ le cinquième de celle qu'a déboursée le chevalier Gamba pour ses frais de voyage.

Il a reçu de plus à Odessa, par suite d'un crédit qui lui avait été ouvert, une somme de 12,000 fr. de la maison de banque Siccard, par ordre de M. Laffitte, laquelle somme a rendu (en assig. roub.) 11,498 fr.

C'est cette somme représentative de 12,000 fr. , qu'on voudrait obliger le chevalier Gamba de réintégrer dans la caisse du ministère de l'intérieur, sous le prétexte qu'en l'employant en achat de chevaux circassiens, et non en chevaux persans, il s'est écarté du mandat qu'il avait reçu. Mais pour prouver que la décision prise à cet égard par le ministre de l'intérieur, a été le résultat d'une erreur, et que la réclamation de M. Gamba est d'une entière justice, il suffit de comparer ensemble les deux seules pièces qui lui ont été remises au ministère de l'intérieur avant son départ, et d'en examiner l'esprit et le but.

L'une est une lettre officielle, signée par le ministre, indiquant d'une manière précise, l'objet du voyage de M. Gamba, lui prescrivant ce qu'il doit faire, et portant formellement que les 12,000 fr. , objet de la discussion, sont destinés « *pour les achats qu'il pourra faire en* » *Orient.* »

L'autre est une simple note, qui n'est ni signée ni datée, car la date relatée des observations du chevalier Gamba ne pouvait être d'aucune valeur qu'autant que cette pièce eût été contresignée par le ministre.

C'est cependant d'une note informe, d'un désir exprimé vaguement, d'un ordre inexécutable, d'un article ni signé ni daté, énoncé comme une éventualité, et qui est aussi vaguement rappelé dans le dernier paragraphe de la lettre officielle, qu'on prétend arguer, pour annuller le texte même et les dispositions précises de la seule pièce ministérielle signée, qui ait été remise au chevalier Gamba, avant son départ.

Dans la lettre signée, il est dit positivement qu'on lui ouvre un crédit de 12,000 fr. *pour les achats qu'il pourra faire dans l'Orient;* et afin qu'il ne puisse lui rester aucun doute sur l'emploi qu'il a le droit d'en faire, le ministre termine sa lettre, en appelant son attention sur le seigle et le blé de la Russie; sur le lin de la Valachie; le riz sec que l'on cultive à Astracan; sur les brebis kirguis; les canards rouges du Volga; les poissons de la mer Caspienne, etc. ; et ce n'est qu'en dernier lieu, et comme accessoire, qu'on parle vaguement des chevaux des provinces persanes.

Le texte même de la lettre prouve donc que le voyageur avait le droit d'employer les 12,000 fr. dans tout ce qu'il pouvait considérer comme utile à l'agriculture, et s'il en fallait une nouvelle preuve, on la trouverait dans l'instruction non signée qui lui fut remise.

En effet, dans cette instruction, on ne rejette pas son offre d'acheter quelques chevaux circassiens ; seulement on observe que l'empereur de Russie tient à la prohibition des chevaux, et l'on ajoute : *Il n'y a rien à faire pour les chevaux*.

Or, lorsque la prohibition était la seule raison alléguée pour n'en pas acheter, lorsque le ministre avait la conviction qu'il était impossible de lever cette prohibition, son apostille sur des chevaux persans était, s'il est permis de s'exprimer ainsi, irréfléchie dans la situation du voyageur, puisque les chevaux persans n'étaient pas plus à l'abri de la prohibition de la Russie, dont ils devaient emprunter le territoire, que les chevaux circassiens ; que M. Gamba n'allait pas en Perse, mais en Géorgie, et qu'enfin l'emploi des 12,000 fr. était déjà indiqué pour l'achat des brebis kirguis, des buffles, des oiseaux utiles et des graines.

Et ici l'on peut faire observer qu'au ministère de l'intérieur on devait être bien convaincu que l'achat des buffles, des brebis kirguis et de tant d'autres articles indiqués, suffisait pour employer les 12,000 fr., puisqu'on venait, en dernier lieu, également dans un but utile pour l'agriculture , de payer les chèvres du Thibet extraites d'un pays peu éloigné des steppes des Kirguis, à raison de 3,ooo fr. pièce. Dès qu'il est démontré que les 12,ooo fr. dont on l'avait crédité, et qui se sont réduits à 11,498 fr., étaient laissés à la disposition du voyageur, pour tous les achats qu'il jugerait utiles à l'agriculture en France, que les 12,ooo fr. n'avaient pas une désignation précise expliquant positivement et par exception qu'ils étaient destinés pour des chevaux persans, il est évident qu'étant parvenu à lever la seule objection qui lui avait été faite contre l'achat de chevaux circassiens, il était non — seulement permis à M. Gamba , mais qu'il était de son devoir d'en faire l'acquisition à son passage en Circassie, sans avoir besoin d'attendre à ce sujet de nouvelles instructions, ce que n'admettait pas d'ailleurs la marche de son voyage en Géorgie, déjà entrepris lorsqu'il reçut à Tangarog avis de l'autorisation obtenue pour la sortie de trente chevaux circassiens ou persans.

Cette permission obtenue , M. Gamba ne devait pas sans doute se borner à l'achat de quatre ou cinq chevaux, il devait employer dans cette acquisition et les frais de transport jusqu'à Odessa, la presque totalité de la somme dont il pouvait disposer. Il devait agir ainsi , parce qu'il craignait que plus tard la permission ne fût révoquée, et qu'il croyait utile d'en faire usage dans l'extension qu'admettait son crédit. Au surplus, M. Gamba avait pris pour le choix des chevaux toutes les précautions possibles. Ce choix fut fait par les généraux Merlini et Malinski, chargés précédemment des achats pour le roi de Westphalie. Si, depuis, ces chevaux ont été jugés d'une qualité trop inférieure pour être envoyés en France, M. Gamba n'en saurait être responsable, pas plus que s'il eût acheté quatre ou cinq chevaux persans au prix de 10 à 12,000 fr. chaque (demande qu'on a faite à M. Lautier, artiste vétérinaire français à son passage à Kistzlaer), il n'eût été responsable des accidens et de la mort qui eussent pu atteindre ces chevaux pendant une si longue route.

Avoir prouvé que les chevaux avaient été achetés pour le compte du gouvernement français par suite de l'autorisation donnée au voyageur d'acheter tout ce qu'il croirait utile à l'agriculture, c'est avoir établi que le chevalier Gamba n'avait plus le droit d'en disposer ni de les vendre sans autorisation, bien que leur qualité eût été reconnue mauvaise.

Si donc, de ces chevaux achetés depuis le mois de juin 1820, les uns sont morts, les autres sont devenus hors d'âge et sans valeur, si leurs frais d'achat, de transport et d'entretien depuis cette époque excèdent les 11,498 fr. qu'il a reçus, on ne peut lui en faire aucun reproche ; et il en aurait mérité s'il eût pu un instant considérer l'opération comme ayant été faite pour son compte, et qu'il eût disposé sans permission des chevaux qui ne lui appartenaient pas.

Au surplus, en considérant même la note ou l'instruction comme un titre régulier, quoique sans signature ni date, on n'y trouve pas plus que dans la lettre officielle l'obligation d'employer les 12,000 fr. en chevaux persans. Ces chevaux ne sont pas plus indiqués comme emploi spécial des 12,000 fr. que les brebis kirguis, les buffles et tout ce que le voyageur croira utile à l'agriculture. Il y a plus : ces chevaux persans sont le seul article présenté comme incertain, puisqu'il porte : *Si vous trouvez à acheter des chevaux persans.*

C'est à regret que le chevalier Gamba est entré dans une si longue explication pour combattre une décision qui repose évidemment sur une erreur, sur une fausse interprétation de la lettre du ministre et de l'instruction qui l'accompagnait. Si un homme aussi distingué par son caractère et par sa justice que M. le comte de Corbière eût pu prendre connaissance de tous les élémens de la réclamation que Son Exc. a rejetée, le réclamant en eût certainement obtenu une justice complète.

La juridiction devant laquelle M. Gamba se présente ne lui permet pas d'oublier que la question à juger est toute contentieuse ; mais il croit du moins pouvoir appeler un moment l'attention du Conseil d'État sur les résultats d'un voyage qui n'avait d'abord été considéré que comme relatif aux sciences et à l'agriculture, et dont on avait écarté, *comme inexécutable*, tout ce qui concernait le commerce.

En arrivant à Odessa en novembre 1819, M. Gamba avait adressé aux ministres de S. M. Impériale un mémoire sur la possibilité d'ouvrir, par la Géorgie, un grand commerce entre l'Europe et l'Asie, et il avait demandé en même temps l'autorisation d'exporter trente chevaux circassiens ou persans ; la demande fut appuyée par l'ambassadeur de France et accordée. Cette permission existe encore tout entière : il semble que dans l'intérêt de notre agriculture il serait utile d'en faire usage.

Conformément à ses instructions , M. Gamba a envoyé au muséum du jardin du Roi la gerboise, les sterlets, quelques parties du touri et de l'antilope, des minéraux et des plantes , des oignons de safran de Bakou, des grains de riz sec , etc., et il a adressé au ministère de l'intérieur des renseignemens précieux sur l'art de la teinture des soies en Géorgie. Enfin, arrivé à Pétersbourg en août 1821, il a obtenu de l'empereur Alexandre la nomination d'une commission , dont faisaient partie presque tous les ministres de S. M. Impériale. Cette commission était chargée d'examiner des plans de commerce , qui avaient pour double but les intérêts de la France et de la Russie ; elle les a adoptés avec de légères modifications, et le 8/20 octobre suivant , un ukase impérial a prononcé la franchise commerciale des provinces russes au-delà du Caucase , moyennant un droit de cinq pour cent, et ouvert ainsi aux fabriques de France un marché nouveau , à portée des plus grands états de l'Asie, et pouvant remplacer avec avantage les échelles de Smyrne et de Constantinople , qui n'offrent plus une sûreté suffisante à nos négocians.

Les voyages qui ont amené de semblables résultats ont occasioné au voyageur des dépenses et des sacrifices qui s'élèvent à une somme de 53,400 fr. dont il faut déduire seulement le traitement de neuf mois depuis le 1er avril 1821 jusqu'au 1er janvier 1822 qui lui a été payé par le ministère de l'intérieur, et faisant à 500 fr. par mois 4,500 fr.

M. Gamba se croyait en droit d'obtenir le remboursement de ces dépenses et de ces sacrifices (48,900 fr.),
puisqu'ils avaient été faits dans un grand but d'intérêt
public et que ce but a été atteint. On s'est borné jusqu'ici à lui répondre qu'on ne s'était pas engagé à lui
rien payer au-delà de 500 fr. par mois.

Mais on ne devrait pas avoir oublié que si, lors de
son départ pour la Russie, on réduisit à cette modique
somme ce qu'il demandait pour indemnité, appointemens
et frais de route, ce fut uniquement parce qu'on regar-
dait comme impossible l'exécution de ses plans de commerce. Dès qu'il a réussi dans cette partie de sa
mission, n'est-il pas de la dignité, de la justice même
du gouvernement du Roi, de ne pas laisser à la charge
d'un particulier des dépenses dont le commerce entier
de la France retire de si grands avantages ?

M. Gamba se permettra encore de rappeler ici, au
sujet du remboursement qu'il a réclamé, que M. le duc
Decazes, qui ne connut que le jour même du départ
de M. Gamba, toute l'importance de son voyage pour
le commerce, s'était engagé verbalement à lui faire allouer les fonds nécessaires pour le mettre à même d'exé-
cuter son voyage, se rejetant, pour ne pas allouer de
nouvelles sommes, sur la modicité des fonds restant de
l'exercice 1819. La retraite de ce ministre rendit sans
effet cette promesse verbale; mais, plus tard, et lorsque M. le duc de Richelieu, alors ministre, eût connaissance de l'ukase du 8 20 octobre 1821, il apprécia
l'importance du service qui avait été rendu à la France,
et en écrivant à M. Gamba, pour lui en témoigner sa sa-

tisfaction , il voulut bien l'assurer qu'il aurait lieu d'être satisfait de lui et du ministre des affaires étrangères (1). Cette assurance s'appliquait au remboursement de ses avances. Une correspondance fut établie à cet effet entre les ministres des affaires étrangères et de l'intérieur , et il ne s'agissait que de répartir entre les deux ministères un remboursement, dont on avait reconnu la justice. Depuis, on a opposé , comme fin de non recevoir, à M. Gamba, qu'on ne s'était engagé envers lui qu'à un paiement de 500 fr. par mois , qu'ainsi, il n'avait rien à réclamer pour les dépenses qui excédaient cette somme.

Si l'on ne veut consulter que la forme , il n'y a sans doute rien à répondre à cette décision. Mais si l'on considère, au contraire, toutes les circonstances qui ont accompagné les voyages de M. Gamba, si l'on considère les résultats que la France peut en obtenir par suite de l'ukase de 1821 , les justes espérances que le nouveau marché de Tiflis donne au commerce et aux fabriques qui demandent avec instance des débouchés nouveaux, alors il est permis d'espérer que le gouvernement consentira enfin au remboursement d'une avance qu'il eût faite sans hésiter , *et bien plus considérable encore* , s'il eût pu en prévoir les résultats (2).

----

(1) Voir, à la fin , copie de trois lettres autographes de M. le duc de Richelieu.

(2) Le chevalier Gamba s'occupe , avec l'agrément de S. Ex. le Ministre des Affaires étrangères, de la publication de ses Voyages au-delà du Caucase. Les renseignemens que le commerce y trouvera, le détermineront certainement à former des établissemens à Tiflis et sur la mer Caspienne.

Si M. Gamba n'avait pas réussi dans ses projets pour ouvrir un nouveau marché ou commerce de l'Asie, il n'aurait aucun droit à des réclamations et n'en ferait aucune ; mais son succès ayant passé toutes les espérances, il ose se flatter que le gouvernement du Roi, si noble dans toutes ses pensées et dans toutes ses actions, ne laissera pas plus long-tems à sa charge la somme dont il est en avance.

Ce n'est pas dans une pareille situation et lorsqu'il est d'ailleurs établi, par les instructions mêmes données au chevalier Gamba, qu'en faisant un achat de chevaux circassiens, il ne s'est écarté en rien de son mandat, qu'il doit craindre que le Conseil-d'État veuille ajouter à tous ses sacrifices celui d'une somme de 12,000 fr., qu'il n'a évidemment employée que comme il devait le faire, d'après son mandat et dans les circonstances où il s'est trouvé placé.

Le Chev^{er} GAMBA.

Me MARIE,
Avocat aux Conseils du Roi.

(*Mars* 1826.)

LETTRES DE M. LE DUC DE RICHELIEU,
AU CHEVALIER GAMBA.

Paris, le 1er avril 1820.

J'ai reçu, Monsieur, la lettre que vous m'avez fait l'honneur de m'écrire d'Odessa le 4/16 février dernier, et vous vous persuaderez facilement que j'ai lu avec un vif intérêt les détails qu'elle renferme. Madame votre fille, que j'ai vue avant hier, m'a donné le mémoire que vous l'aviez chargée de me remettre ; le sujet qui y est traité et les contrées auxquelles il se rattache, vous garantissent mon empressement à en prendre connaissance, lorsque je pourrai disposer d'un instant.

Je m'étais déjà occupé, d'après le désir de madame votre fille, de votre réclamation, au sujet des indemnités de voyage qui vous ont été allouées. J'en ai écrit le 5 du mois de mars, au ministre de l'intérieur, et je me propose de lui en parler de nouveau.

Veuillez croire que je ferai tous mes efforts *pour qu'une augmentation vous soit accordée.*

Recevez, Monsieur, l'assurance de ma considération distinguée.

Signé RICHELIEU.

Paris, ce 20/8 octobre 1821.

J'ai reçu, Monsieur, la lettre que vous m'avez fait l'honneur de m'écrire, et j'ai lu avec la plus grande attention et le plus vif intérêt, tout ce que M. de la Ferronnays nous a envoyé concernant vos voyages et vos travaux. Je dois vous faire mon compliment bien sincère sur le succès que vous avez obtenu. Je crois qu'il peut être fécond en résultats heureux pour la Russie comme pour la France ; cette condition est nécessaire pour qu'une transaction commerciale entre deux grands pays puisse être durable. Il ne tiendra pas à moi que vous n'obteniez tout ce que vous désirez pour mettre à exécution des plans si heureusement conçus, M. Pasquier est absolument dans les mêmes dispositions, *et j'espère que vous aurez lieu d'être content de nous.* Veuillez, Monsieur, me tenir au courant de tout ce qui concerne cette affaire qui m'intéresse très-vivement. Vous avez dit sur la franchise d'Odessa tout ce qu'il était possible de dire de plus concluant ; c'est précisément ce qu'on pourrait retrouver dans plusieurs mémoires que j'ai présentés au gouvernement russe sur cette matière : ce n'est pas quand on a 1,500 werstes de frontière sèche, et une ville comme Brody pour dépôt de toutes les contrebandes imaginables, qu'on peut craindre d'ouvrir à cette contrebande, sur son propre territoire, une porte à peu près imperceptible, qu'on est à même de surveiller comme on le veut. Ou l'on ne peut trouver des hommes sur lesquels on puisse compter, et alors on fera la contrebande de l'entrepôt comme du port franc ; ou ce que je crois fermement, on peut en trouver qui fassent leur devoir, et alors l'enceinte actuelle peut être surveillée avec succès. Je vois avec plaisir que l'exécution de l'Ukase du 1er juin est suspendue.

Recevez, Monsieur, l'assurance de mon sincère attachement, et de ma considération très-distinguée.

Signé RICHELIEU.

Paris, le 5 mars 1822.

Il y a quelque tems, Monsieur, que j'ai eu l'honneur de vous écrire à Pétersbourg, en adressant ma lettre à M. le comte de la Ferronnays; je vous écris celle-ci à Odessa pour répondre à deux des vôtres que j'ai reçues dans l'intervalle, et dans lesquelles vous m'annoncez votre prochain départ pour cette dernière ville. Vous ne doutez pas de l'intérêt sincère que je prends au succès de votre entreprise : *j'en vois toute l'utilité et les résultats immenses qu'elle peut produire ;* cela ne fait qu'accroître mes regrets de ne pouvoir, dans ma position actuelle, seconder vos efforts d'une manière aussi efficace que je le désirerais. J'espère toutefois que le gouvernement ne perdra point de vue l'objet important sur lequel vous venez de fixer son attention ; et si, de mon côté, je puis être dans le cas de contribuer à l'accomplissement de vos désirs, vous pouvez croire, Monsieur, que je le ferai toujours avec le plus grand plaisir, et que je ne laisserai point échapper les occasions où je pourrai vous être utile.

Recevez, Monsieur, je vous prie, les assurances de ma considération très-distinguée.

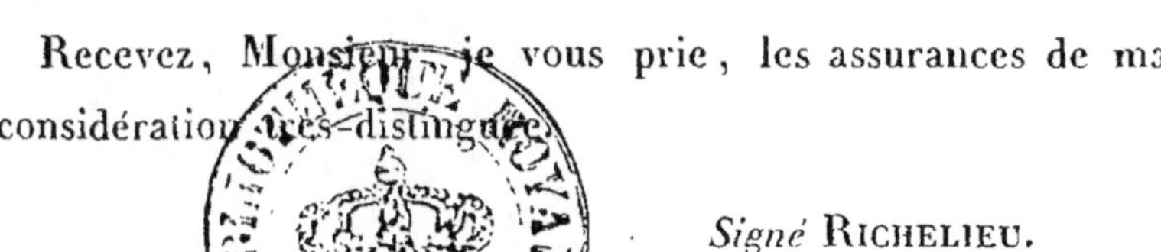

Signé RICHELIEU.

IMPRIMERIE DE DONDEY-DUPRÉ, RUE SAINT-LOUIS, N° 46, AU MARAIS.

47598CB00014B/1571